Corot

ALLURE

至
魅

Paul Morand
&
Karl Lagerfeld

（法）保罗·莫朗 文　卡尔·拉格斐 图

段慧敏 译

南京大学出版社

二十世纪五十年代，法国人戏称皮雅芙的歌曲、萨冈的小说和香奈儿五号是法国三大重要出口商品。如今皮雅芙的歌曲成为了怀旧的经典；萨冈及其小说亦化为不朽的传奇；只有香奈儿的名字依然站在时尚的前沿，激荡着一代又一代女人们的青春梦想。无怪乎对于很多人来说，香奈儿竟成为了法兰西的代名词。

1971年香奈儿逝世后，关于她的传记作品层出不穷。而保罗·莫朗（Paul Morand）独辟蹊径，记录了香奈儿众多坦诚的独白，写就了《香奈儿的态度》（L'Allure de Chanel）一书。"时装界的凯撒大帝"、香奈儿公司首席设计师卡尔·拉格斐（Karl Lagerfeld）亲手为这一独一无二的香奈儿传记创作了73幅插画。

阅读《香奈儿的态度》，仿佛是在倾听香奈儿亲自讲述一生的精彩与跌宕。她的孤独、她的事业、她的爱情、她的人生都时时引起我们或歆羡或慨叹或敬畏的复杂情愫。香奈儿的世界仿如群星璀璨的银河。居于时尚与艺术之都巴黎，她所交往的朋友都是那个时代可圈可点的杰出人物：毕加索、科克多、西敏公爵……香奈儿对这些人物的评论也成为本书的一大特点。我们不能简单地把这本书归结为一个名人的传记，它叙述了一段万人瞩目却鲜为人知的人生，体现了一种睿智的思想，更勾勒出了一个时代的传奇与神话。

NOTEBOOK中的香奈儿语录及插图均选自《香奈儿的态度》

Maintenant encore je ne puis voir passer un pensionnat de petites filles et entendre dire " ce sont des orphelines", sans que mes yeux se mouillent. Un demi-siècle a passé, mais au sein du luxe et de la joie des derniers heureux d'un monde misérable, je suis seule, encore seule.

听到有人说"她们是孤儿"时,我的眼睛总是会忍不住湿润起来。半个世纪过去,然而在一个悲惨世界最后的幸福、奢华与欢乐之中,我很孤独,依然孤独。

Coco en communiante

C'est la solitude qui m'a trempé le caractère, que j'ai mauvais, bronzé l'âme, que j'ai fière, et le corps, que j'ai solide.

孤独锤炼了我的性格,使我拥有了暴躁、冷酷而傲慢的灵魂和强健的身体。

Coco e Chanel 1977

Ma vie, c'est l'histoire - et souvent le drame - de la femme seule, ses misères, sa grandeur, le combat inégal et passionnant qu'elle doit mener contre elle-même, contre les hommes, contre les séductions, les faiblesses et les dangers qui surgissent de toutes parts.

我的一生,是一个孤独女人的故事——通常是一场悲剧:有关她的不幸与伟大;有关她所坚持的斗争——与自己、与男人们的斗争,与随时随地可能产生的诱惑、危险和脆弱的斗争。

en 1912 Coco avait encore la
masse noire de ses cheveux longs

Seule, aujourd'hui dans le soleil et la neige… Je continuerai, sans mari, sans enfants, sans petits-enfants, sans toutes ces charmantes illusions, sans tous ces mirages qui nous font croire que le monde est habité par d'autres nous-mêmes, à travailler et à vivre seule.

孤独，在今天的雪域阳光中……我依然没有丈夫、没有子孙、没有任何迷人的幻觉——那些幻影可以使我们相信这世界上居住着与我们同样的人们，他们同样孤独地劳作和生活着。

1919

Le grenier... que de resources dans ce grenier! C'est ma bibliothèque. Je lis tout. J'y trouve la matière romanesque dont ma vie profonde va se nourrir.

阁楼里埋藏着多少宝藏啊!阁楼是我的图书馆,我什么都读。我在阁楼里找到了浪漫的资源,这种资源滋养着我此后的一生。

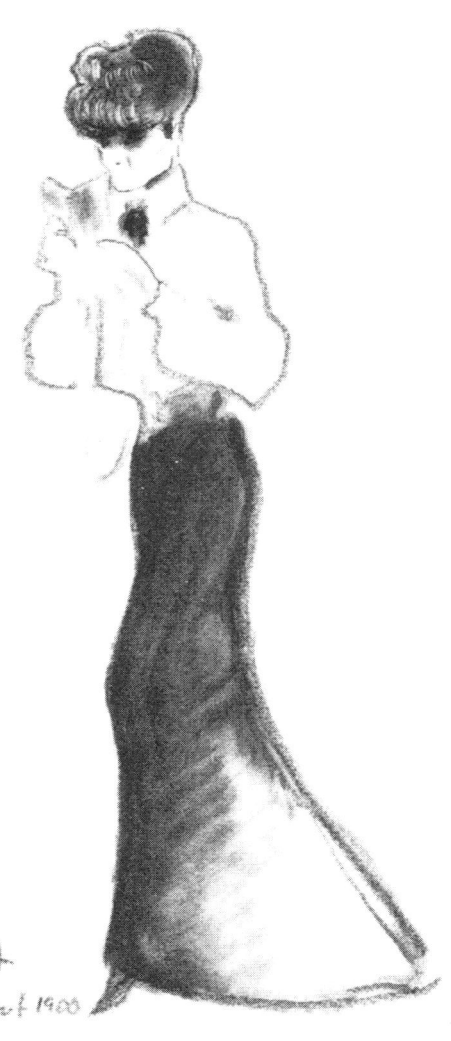

Coco
s'instruit
Moulins debut 1900

Coco dans son salon bibliothèque de la rue Cambon

J'achetais surtout des livres; pour les lire. Les livres ont été mes meilleurs amis. Autant la radio est une boîte à mensonges, autant chaque livre est un trésor.

我买的最多的是书,为了阅读。书曾是我最好的朋友。收音机是一个装谎话的盒子,而每一本书却都是一件珍宝。

J'ai vu beaucoup de gens très intelligents et de haute culture; ils ont été étonnés de ce que je savais; ils l'eussent été bien plus encore si je leur avais dit que j'avais appris la vie dans les romans.

我见过很多睿智而博学的人,他们惊异于我所知的一切。如果我告诉他们我是通过小说学会了生活,那么他们更会惊诧万分。

femme faisant sa culture physique

Si j'avais des filles, je leur donnerais, pour toute instruction, des romans. On y trouve écrites les grandes lois non écrites qui régissent l'homme.

如果我有女儿,她们所有的一切教育将来源于小说。小说里记载着别处没有写到的重要定律,这些定律往往能支配人类。

C'est en travaillant qu'on arrive. La manne ne m'est pas tombée du ciel; je l'ai pétrie de mes propres mains, pour me nourrir. "Tout ce que Coco touche, elle le change en or", disent mes amis. Le secret de cette réussite, c'est que j'ai terriblement travaillé.

人们只有通过工作才能成名。天上不会掉馅饼，我需要亲自和面做出来给自己吃。我的朋友们说："可可所碰到的一切，她都能将其变成金子。"成功的秘诀就在于，我一直在辛苦地工作。

J'ai travaillé cinquante ans, autant et plus que n'importe qui. Rien ne remplace le travail, ni les titres, ni le culot, ni la chance.

我工作了五十年,和所有人一样努力,甚至比任何人都更努力。证券、胆量或机遇,什么都无法代替工作。

Quand j'entends dire que j'ai eu de la chance, cela m'irrite. Personne n'a plus travaillé que moi. Les inventeurs de légende sont des paresseux; s'ils ne l'étaient point, ils iraient regarder au fond des choses, au lieu d'inventer.

当有人说我运气好的时候，我更是恼怒万分。没有人比我更努力工作。传奇的制造者们一定很懒，若非如此，他们一定会去看清事物的本质，而不是随意捏造。

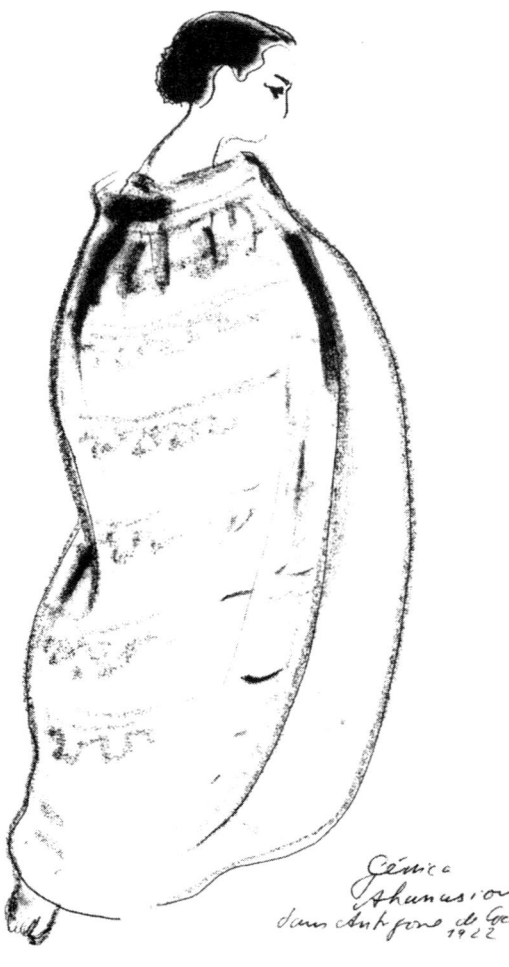

Costumes de Chanel

Génica Athanasiou dans Antigone de Cocteau 1922

Car il m'arrive de me perdre. Par exemple dans le dédale de ma légende. Chacun de nous a sa légende, stupide et merveilleuse.

因为有时我会迷失了自己,例如在我的传奇所形成的迷宫中。我们每个人都有自己或愚蠢或美妙的传奇。

Coco à Monte Carlo 1938

La légende a la vie plus dure que le sujet; la réalité est triste et on lui préférera toujours ce beau parasite qu'est l'imagination. Que ma légende fasse son chemin, je lui souhaite bonne et longue vie!

传奇的生命比其主人公的生命更为长久。现实是残酷的,因此人们更喜欢给它披上想象这层美丽的外衣。既然我的传奇已经不胫而走,那么我也希望它能够幸福且长久。

Et bien des fois je continuerai à rencontrer dans le monde des gens qui me parleront de "Mlle C., qu'ils connaissent très bien", sans savoir que c'est à elle qu'ils s'adressent.

很多次我遇到有人跟我谈起他们熟知的某位"香小姐",而他们却并不知道此刻在他们面前的便是香小姐本人。

Mes folies, je les gardais pour moi.

我的疯狂总是被隐藏在内心深处。

Cocteau jeune
quand il rencontra
Coco Chanel

Il fut la grande chance de ma vie; j'avais rencontré un être qui ne me démoralisait pas. Il m'a formée, il a su déveloper en moi ce qui était unique, aux dépens du reste.

他是我生命中的一个奇迹。我遇到了一个没有使我变坏的人。他不断地训练我,他发掘了我身上独一无二的东西,摒弃了其他的特点。

Je n'aime pas non plus m'attacher, car dès que je tiens quelqu'un, je suis lâche (c'est ma façon d'être bonne); or la lâcheté me deplaît.

我也不喜欢依赖别人生活,因为一旦依附了别人,我就会变得软弱下来(那是我殷勤的一种表现),而我不喜欢软弱。

Je prends droit la route que je me suis tracée, même quand elle m'ennuie; j'en suis l'esclave, parce que je l'ai librement choisie.

我径自走在自己开辟的道路上,虽然这条路也曾让我感到厌烦。我是这条路的奴隶,因为这是我自己做出的选择。

Misia au "Bal des Ballons" des Beaumont habillée par Chanel

La dureté du miroir me renvoie ma propre dureté; c'est un combat serré entre lui et moi; il exprime ce qu'il y a en ma personne de précis, d'efficace, d'optimiste, d'ardent, de réaliste, de combatif, de gouailleur et d'incrédule, qui sent sa Française.

镜子的生硬之中映出我自己的生硬。那是我和镜子之间的一次激烈斗争。这次斗争准确地反映出了我高效、乐观、积极、现实、好斗、幽默而多疑的性格,典型的法式性格。

La beauté dure, la joliesse passe. Or aucune femme ne vent être belle; toutes veules êtres jolies, jolies. Quant au vrai secret, qui est de faire passer la beauté du physique au moral, c'est le seul tour de passe - passe dont la plupart des femmes sont incapables.

芳华易逝而隽美永存。然而没有任何女人希望自己隽美,她们只希望自己漂亮,再漂亮。真正的秘诀在于将外在的美转化为内在的美。这是众多女人都参不透的一套把戏。

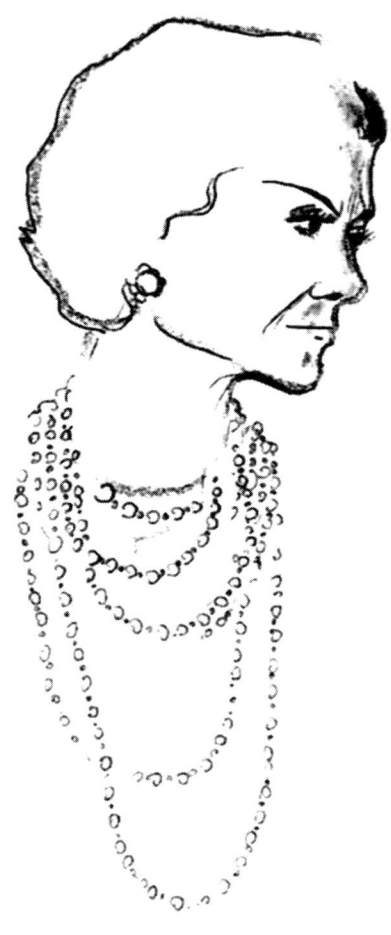

Coco pendant la guerre

On parle de soins physiques: mais où sont les soins moraux? Les soins de beauté doivent commencer par le cœur et par l'âme, sinon les cosmétiques ne serviront de rien.

人们总是谈起身体的保养，但是精神的保养在哪里呢？美容应该从心与灵魂开始。若非如此，化妆品便没有任何作用。

Des années ont passé, et seulement aujourd'hui je comprends que l'austérité des teintes sombres, le respect des couleurs empruntées à la nature ambiante.

很多年过去,直到今天我才明白深色的庄严朴素,我才懂得去尊敬从周围自然环境中所获取的颜色。

la première femme aux cheveux courts

Eve Lavallière - 1912

Il faut parler de la mode avec enthousiasme, sans démence; et surtout sans poésie, sans littérature. Une robe n'est ni une tragédie, ni un tableau.

谈论时尚时,应该带着满腔热忱,而不应狂热,更不应充满诗意或文学色彩。一件裙子并不是一部悲剧,也不是一幅画。

L'argent donne à la vie un agrément décoratif, mais il n'est pas la vie.

金钱给生活以点缀，但金钱并不是生活。

Pas plus que l'étoffe chère et tissée de matières précieuses, le bijou riche n'enrichit la femme qui le porte; si celle-ci est pauvre d'aspect, elle le restera.

用珍贵材料织出的布不能使一个女人看上去更富有，华美的宝石也并不会比这布料有效，如果这个女人看起来贫乏，那么她会依然如故。

Il faut regarder les bijoux avec innocence, avec naïveté, comme on jouit d'un pommier en fleurs, sur le bord d'une route, en passant très vite en auto.

应该用纯洁、天真的眼光去看待珠宝,就像我们驾车飞快驶过,却欣赏到路边一棵开花的苹果树时的眼神。

图书在版编目（CIP）数据

至魅/（法）莫朗著；段慧敏译. —南京：南京大学出版社，2016.1
ISBN 978-7-305-09999-1（2024.12重印）

Ⅰ. ①至… Ⅱ. ①莫… ②段… Ⅲ. ①香奈儿，C.（1883～1971）
-生平事迹 Ⅳ. ①K835.655.7

中国版本图书馆CIP数据核字(2015)第297942号

出版发行 南京大学出版社
社　　址 南京市汉口路22号　　邮　编 210093
网　　址 http://www.NjupCo.com
　　　　　 ZHI MEI
书　　名 至　魅
著　　者 （法）保罗·莫朗
译　　者 段慧敏
责任编辑 沈卫娟
装帧设计 周伟伟
照　　排 南京紫藤制版印务中心
印　　刷 南京爱德印刷有限公司
开　　本 787mm×960mm　1/32　印张 8　字数 50千
版　　次 2016年1月第1版　2024年12月第8次印刷
ISBN 978-7-305-09999-1
定　　价 50.00元
发行热线 025-83594756
电子邮箱 Press@NjupCo.com
Sales@NjupCo.com（市场部）

版权所有，侵权必究

凡购买南大版图书，如有印装质量问题，请与所购图书销售部门联系调换

Chanel